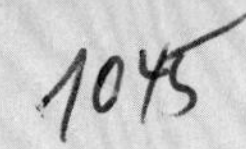

Familie: Wir führen eine Befragung durch

1. Frage deine Mitschülerinnen und Mitschüler, welche Form der Familie fü[...] auch an deine Verwandten und Nachbarn und trage die Ergebnisse in die Liste ein. Mache zunächst eine Strichliste, dann zähle die Striche zusammen und trage die Anzahl in die nächste Spalte ein.

	Strichliste	in Zahlen
Familie mit 1 Kind		
Familie mit 2 Kindern		
Familie mit mehr als 2 Kindern		
Alleinerziehende		
Paar ohne Kinder		
Single		

Schulbuch Seiten 12 – 13

Wir wählen einen Klassensprecher

1. Ab wann müssen die Klassensprecher gewählt werden?

____

2. Welche Aufgaben haben die Klassensprecher?

____

____

3. Wie werden die Klassensprecher gewählt?

____

____

4. Die Wahl brachte in unserer Klasse folgendes Ergebnis:
Anzahl der Stimmen insgesamt: _________ davon gültig: _________
Gewählt wurde ______________________ mit _____ Stimmen = Klassensprecherin/Klassensprecher
Gewählt wurde ______________________ mit _____ Stimmen = stellvertretende(r) Klassensprecherin/stellvertretender Klassensprecher

Die Erde im Sonnensystem I

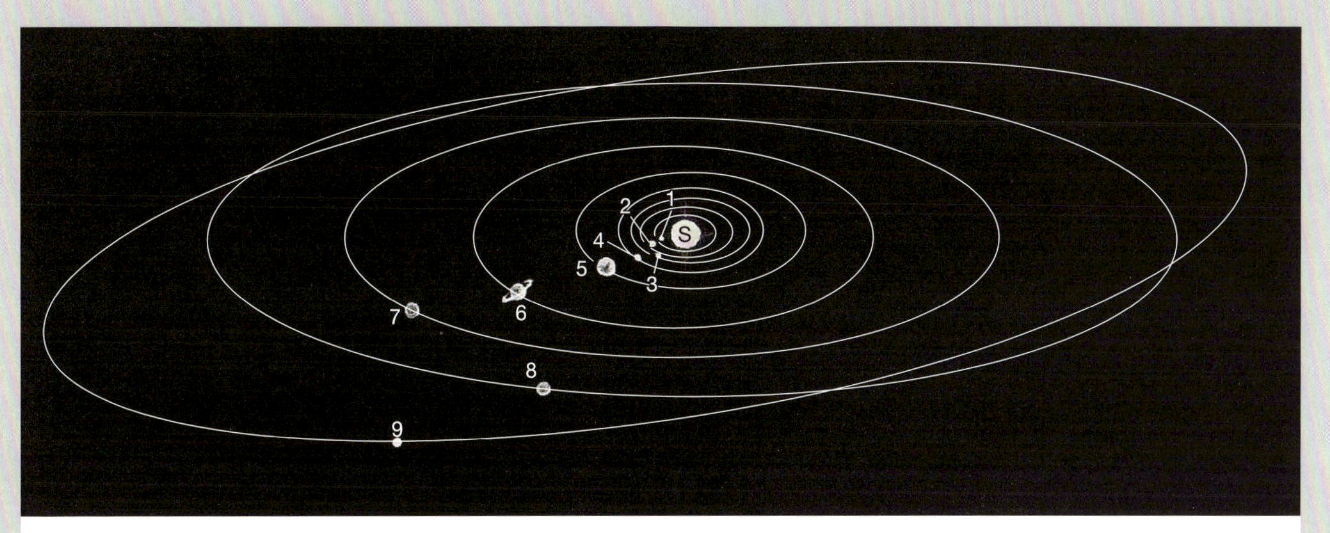

1. Setze die Namen der neun Planeten unseres Sonnensystems in die Liste ein:

1. ______________________ 6. ______________________

2. ______________________ 7. ______________________

3. ______________________ 8. ______________________

4. ______________________ 9. ______________________

5. ______________________

5

2. Hier sind wichtige Begriffe durch Striche ersetzt. Ergänze.

a) Die Erde hat die Gestalt einer _ _ _ _ _ .

b) Die Sonne ist ein _ _ _ _ _ im Weltall.

c) Die Erde ist ein _ _ _ _ _ _ der Sonne.

d) Der Mond ist ein _ _ _ _ _ _ _ der Erde

3. Ergänze in der Zeichnung die folgenden Begriffe:

Planet
Sonne
Erde
Stern
Mond
Trabant

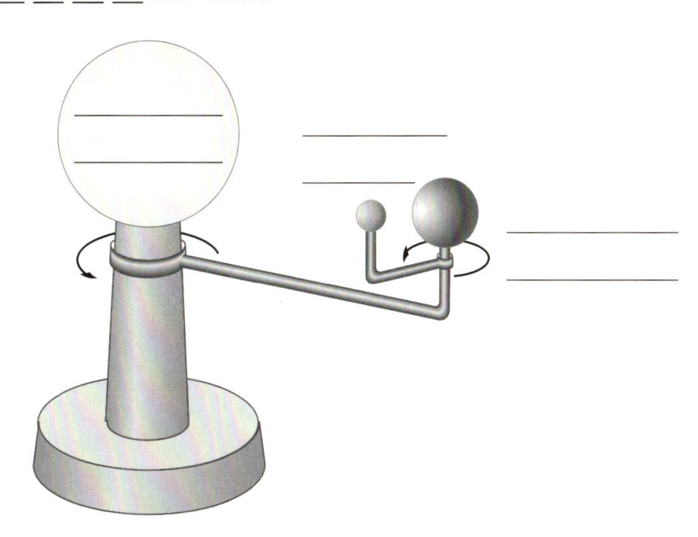

LAST-MINUTE SPACE-TRIPS

Merkur .... 670.- E-Dollars*
Venus .... 420.- E-Dollars*
Mond .... 137.- E-Dollars*
Mars .... 380.- E-Dollars*
Jupiter .... 470.- E-Dollars*
Saturn .... 777.- E-Dollars*
Uranus .... 890.- E-Dollars*
Neptun .... 920.- E-Dollars*
Pluto .... 999.- E-Dollars*

**Verkaufsphase bis 31.12.2077, Tarife ohne Space-Taxen und Bearbeitungsgebühr*

Raumglider–Air

1. Ein Angebot passt nicht zu den anderen. Begründe.

2. Die Preise sind sehr unterschiedlich. Nenne mögliche Gründe.

Erdplatten und ihre Bewegungen

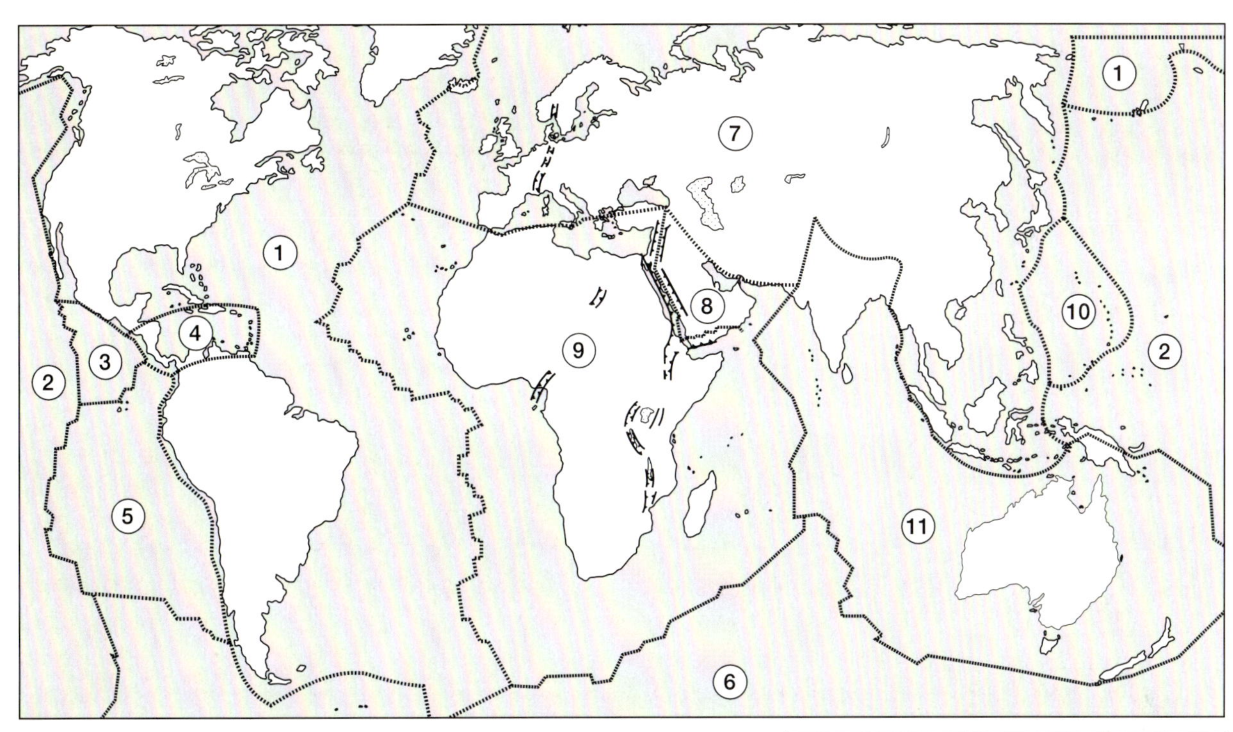

① – ⑪ Erdplatten

Plattengrenzen

Grabenbruch

1. Schreibe die Namen der Erdplatten in die Tabelle.

① ____________________ ⑦ ____________________

② ____________________ ⑧ ____________________

③ ____________________ ⑨ ____________________

④ ____________________ ⑩ ____________________

⑤ ____________________ ⑪ ____________________

⑥ ____________________

2. Trage mit Pfeilen die Bewegungsrichtung folgender Platten ein:
a) an der Grenze zwischen Amerikanischer und Pazifischer Platte,
b) an der Grenze zwischen Nazca-Platte und Amerikanischer Platte,
c) an der Grenze zwischen Amerikanischer und Afrikanischer Platte.

3. Zeichne an der richtigen Stelle in der Karte Dreiecke für folgende Vulkane ein:
Mount Saint Hellens, Nevado del Ruiz, Vesuv, Ätna, Krakatau, Pinatubo, Mayon, Mauna Loa.

4. Male die Erdplatten in verschiedenen Farben aus.

Schulbuch Seite 44

Blockbild eines Schichtvulkans

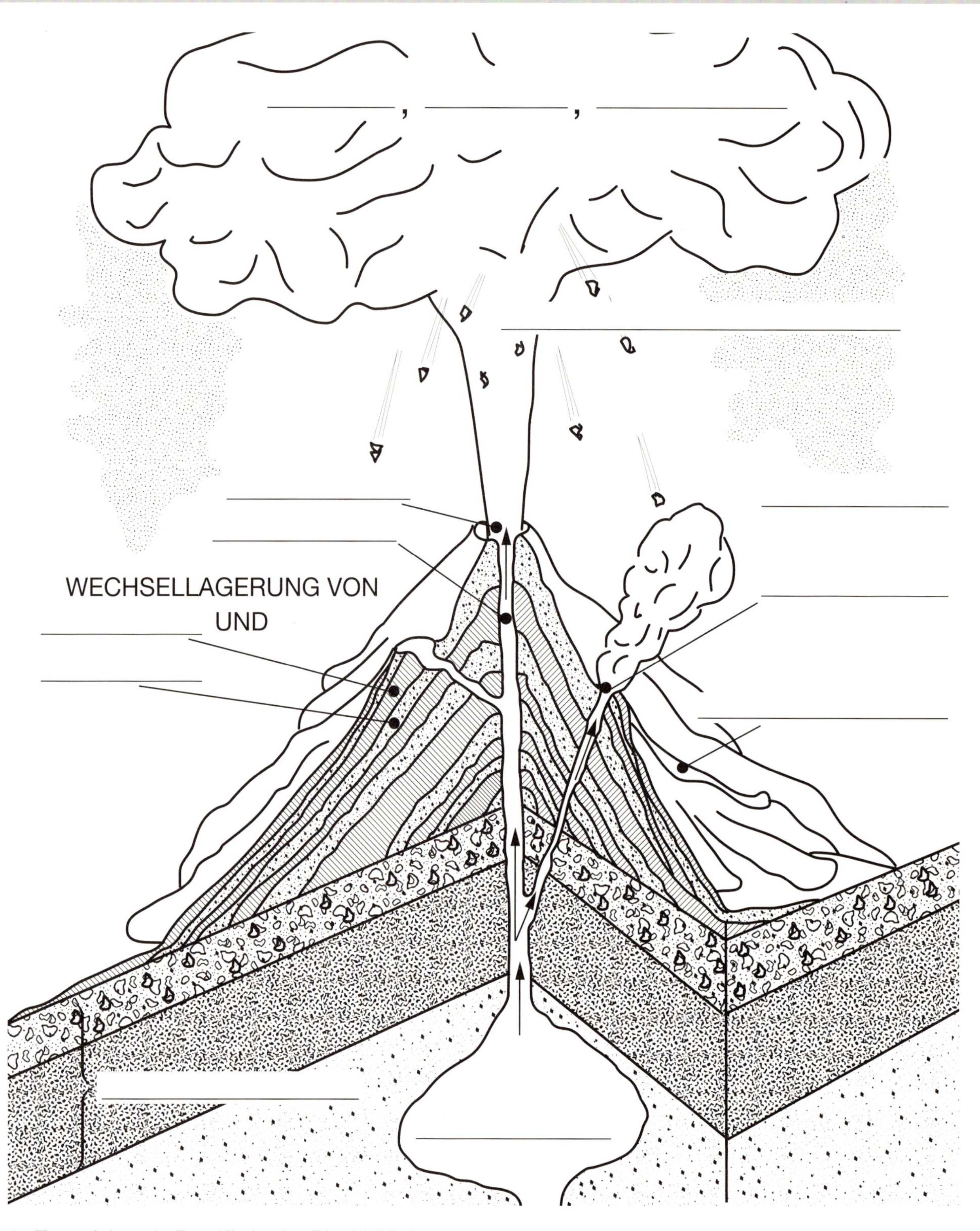

1. Trage folgende Begriffe in das Blockbild ein:
   Magma, Lava, Lavastrom, Asche (2x), Krater, Gas, Schlot, Rauch, Seitenkrater, Staub, Gesteinsbrocken, Erdkruste.

2. Male das Blockbild farbig aus.

Der Globus

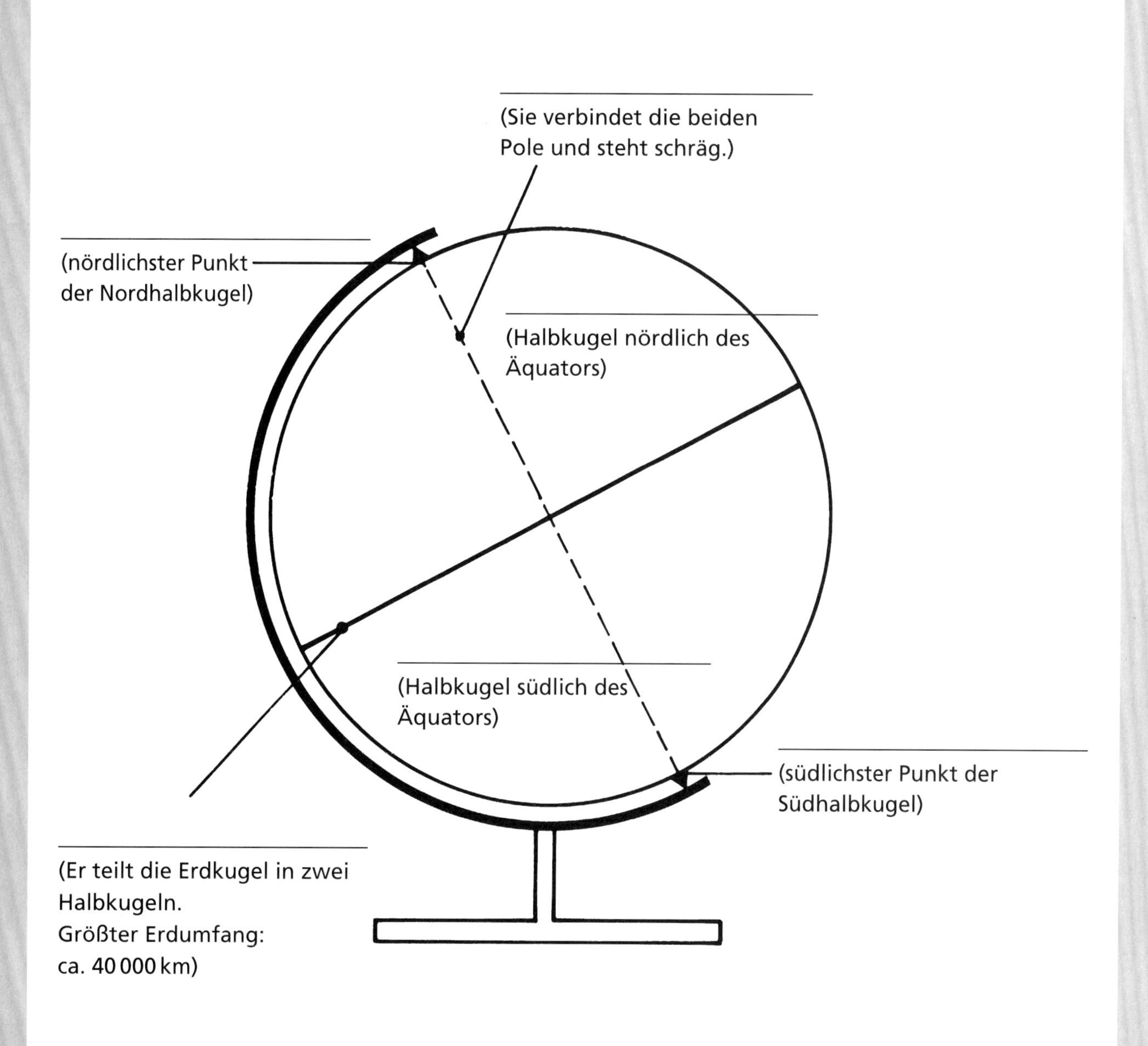

1. Trage auf den sechs Linien zum Globus die richtigen Begriffe ein.
2. Gib durch einen Pfeil an, in welche Richtung sich die Erde dreht.
3. Nenne die Kontinente und Ozeane auf der Erde:

_ _ _ _ k _	_ _ _ _ _ n	_ _ _ _ p _	_ _ _ _ _ _ _ i _ _

_ _ _ _ _ _ _ _ _ _ a	N _ _ _ _ _ _ _ _ _ _ _ _	A _ _ _ _ _ _ _ _ _

_ _ _ _ f _ _ _ _ _ _ Ozean	_ _ d _ _ _ _ _ _ Ozean	_ _ _ _ _ _ _ i _ _ _ _ _ Ozean

Schulbuch Seite 53

Klimazonen der Erde

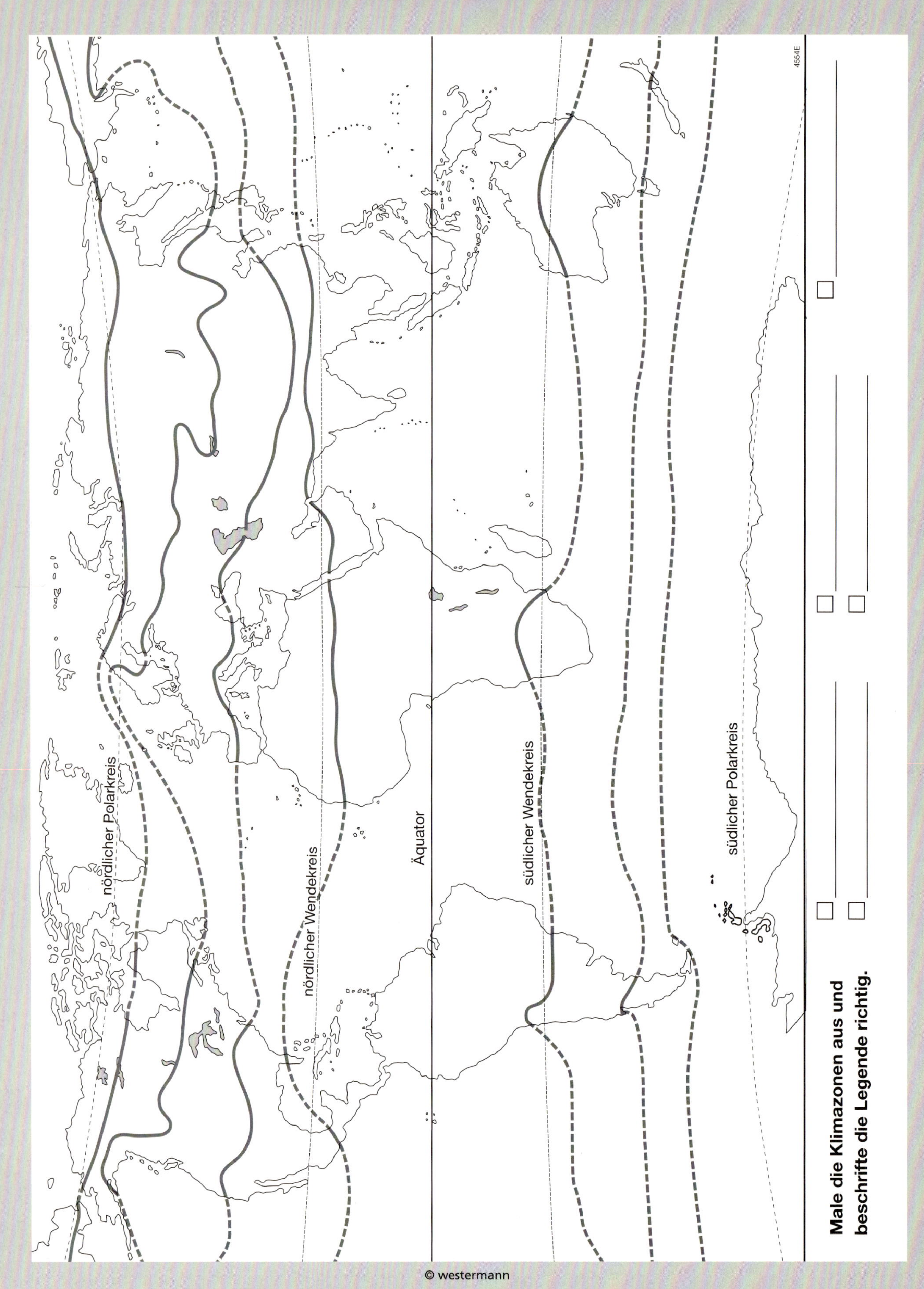

Schulbuch Seite 57

Eine Jagdbeute wird verarbeitet

1 Male das Jagdtier bunt an.

2 Das Jagdtier ist ein ________________.

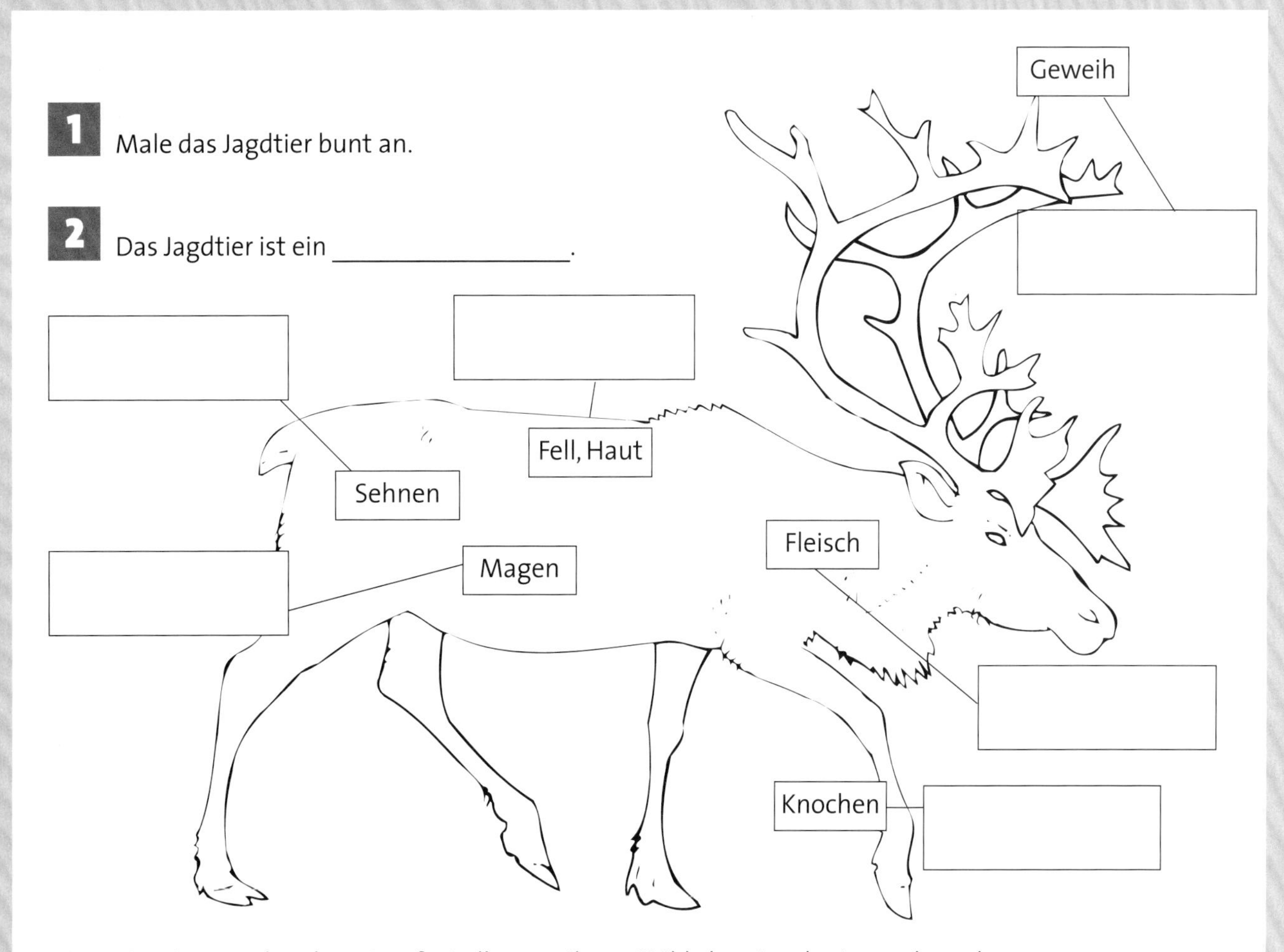

Die Steinzeitmenschen konnten fast alles von ihrem Wild, das sie erlegten, gebrauchen.

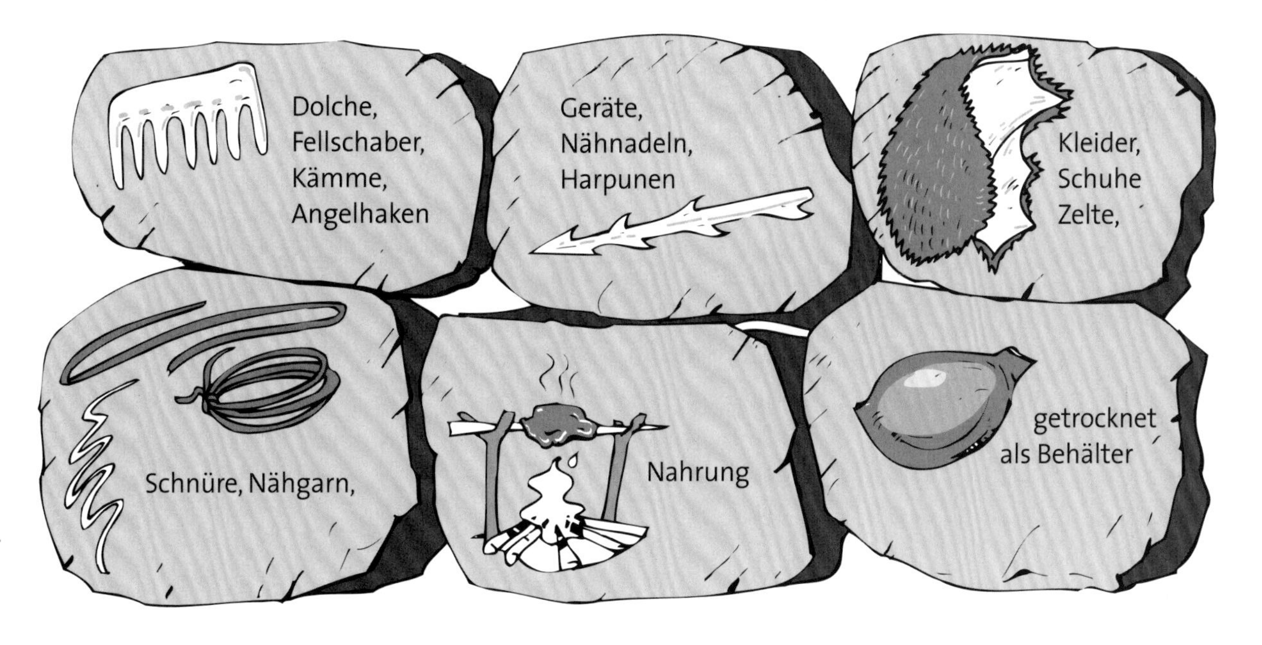

3 Ordne die abgebildeten Gegenstände dem oberen Bild zu.

Schulbuch Seite 72

Das Leben in der Steinzeit ändert sich

1 Schreibe den Namen des Gegenstandes auf die Linie unter das jeweilige Bild.

1. ______________________

4. ______________________

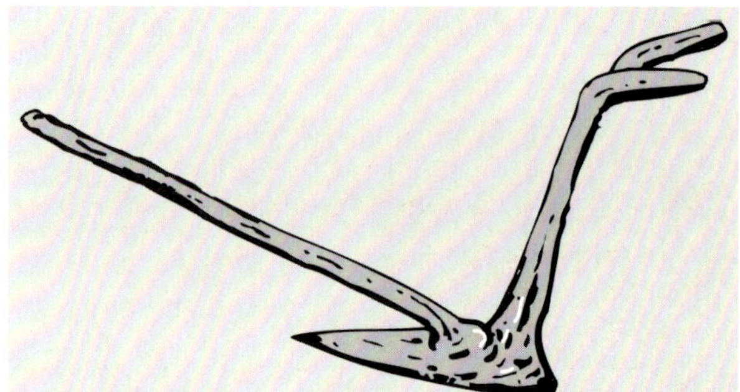

2. ______________________

5. ______________________

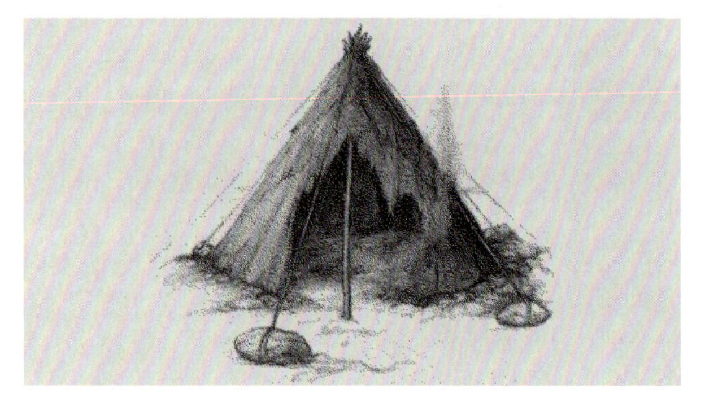

3. ______________________

6. ______________________

2 Ordne die Gegenstände der Altsteinzeit oder der Jungsteinzeit zu.

Altsteinzeit	Jungsteinzeit
______________________	______________________
______________________	______________________

Schulbuch Seiten 70 – 75

Vor- und Frühgeschichte

1. Welche Berufe gab es in der Altsteinzeit?

2. Warum gibt es im Norden von Europa keine Funde aus der Altsteinzeit?

3. Schreibe auf, wie sich die Lebensverhältnisse in der Jungsteinzeit änderten.

4. Für die neue Lebensweise mussten neue Geräte entwickelt werden.
   Gib zwei Beispiele an.

5. Was macht ein Archäologe?

6. Warum ist das Leben der Kung für Wissenschaftler interessant?

Müll sortieren – kinderleicht

Alle 14 abgebildeten Müllteile müssen hier sortiert werden. Bringe sie in dem richtigen Sammelbehälter unter (mehrere Nennungen möglich):

A: ____________ B: ____________ C: ____________ D: ____________

E: ____________ F: ____________ G: ____________ H: ____________

I: ____________ J: ____________

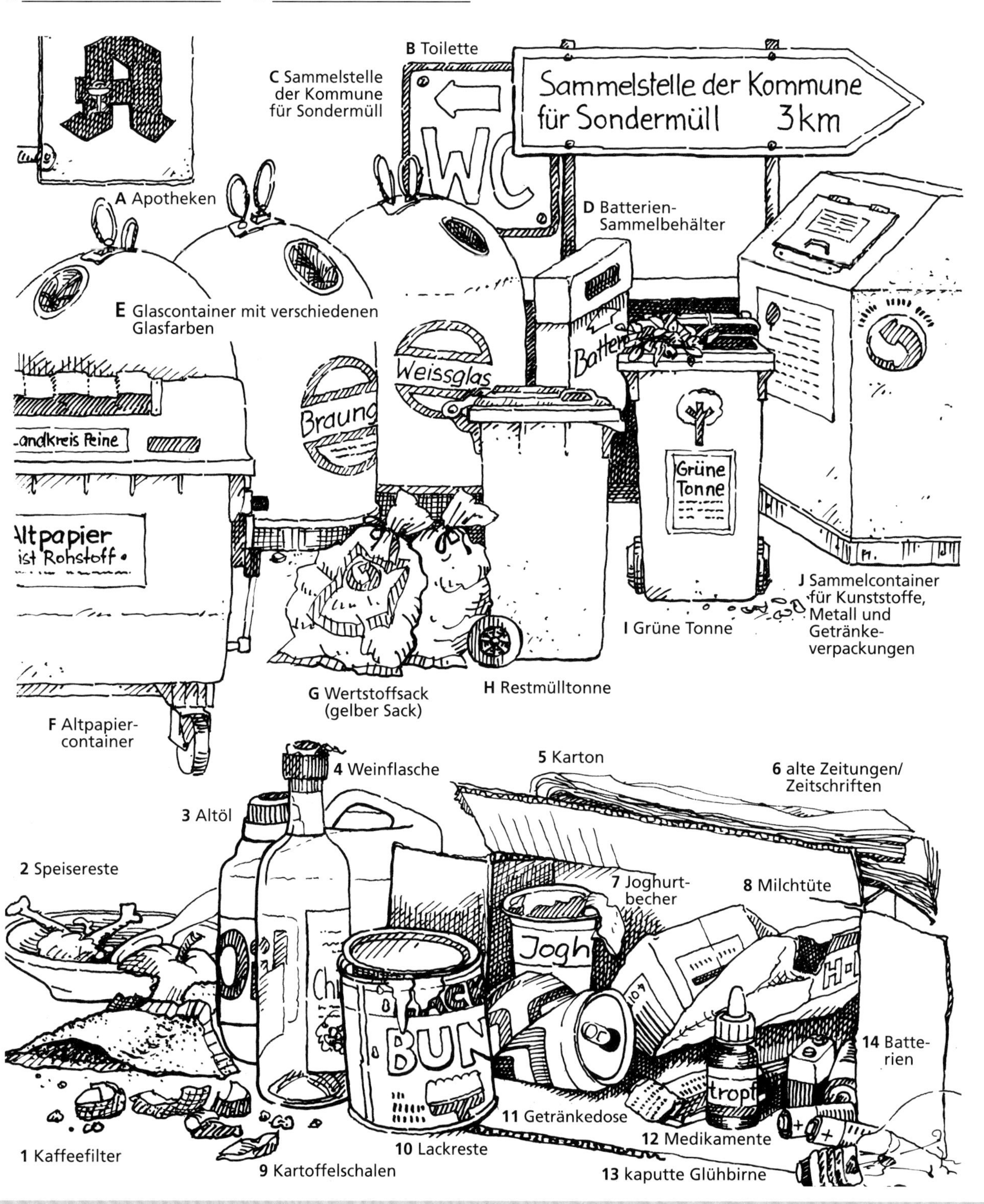

Versteckte Gefahren

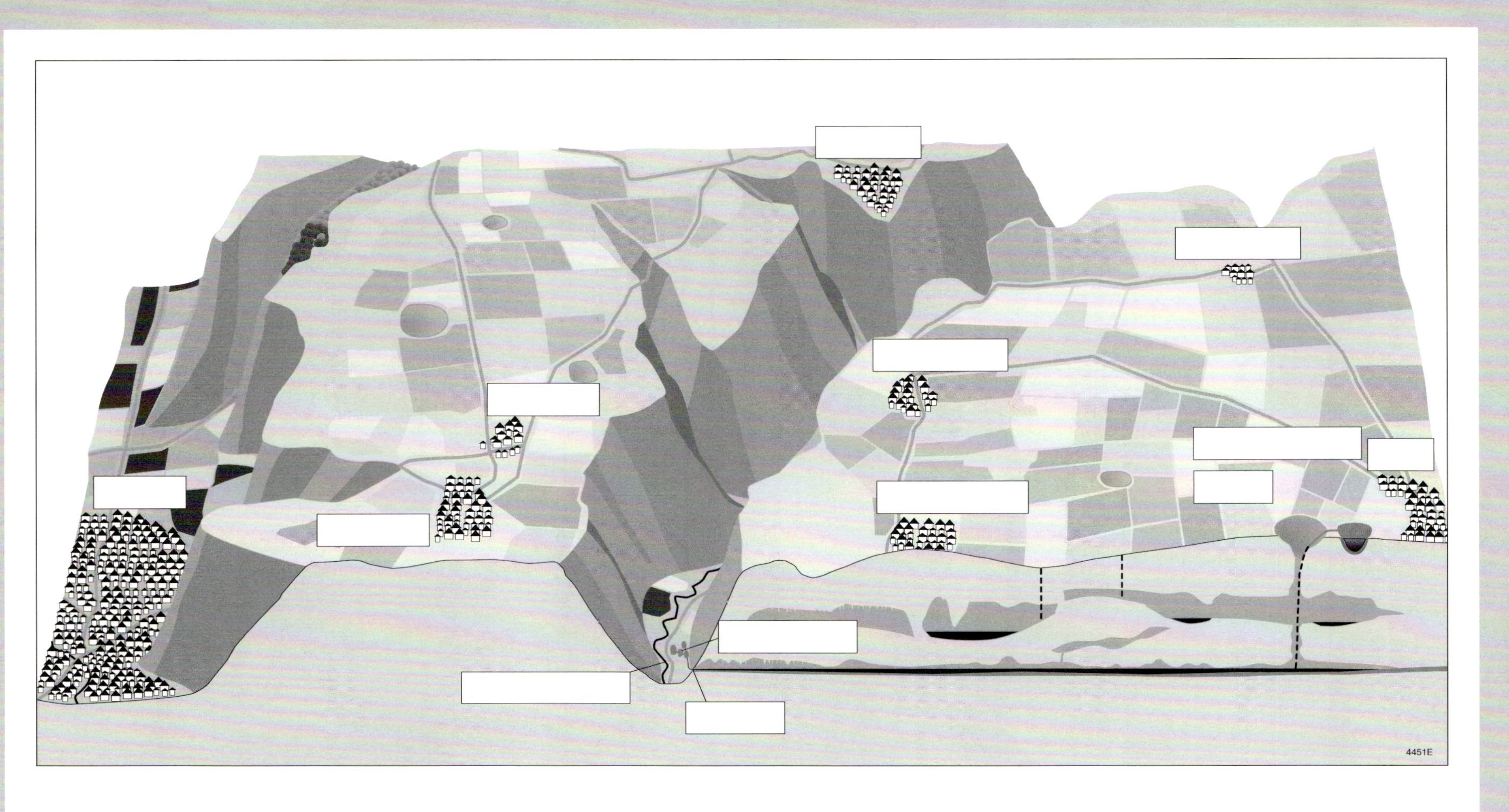

Aufgaben:

1. Vergleiche mit der Abbildung im Buch S. 100 und beschrifte.
2. Zeichne den Weg des Wassers vom Dürner Weiher zu den Fischteichen blau ein.

Behinderte Menschen

1. Nenne jeweils drei Behinderungen, die von Geburt an oder durch Krankheit oder Unfall verursacht sein können.

von Geburt an	durch Krankheit	durch Unfall

2. Welche Schwierigkeiten hat ein Rollstuhlfahrer, wenn er einkaufen will?

3. Überlege, welche Schwierigkeiten ein Blinder beim Einkauf im Supermarkt hat.

4. Wie wurden Behinderte im Mittelalter behandelt? Erkläre auch die Veränderungen.

5. Wie wird heute Behinderten geholfen? Nenne fünf Möglichkeiten.

Durch Spezialtraining sprechen gelernt

Eitorferin half ihrer behinderten Tochter und möchte mit ihren Büchern anderen Eltern Mut machen

In dem dicken Hefter von Marlies Schmitz stapeln sich Briefe von Eltern aus ganz Europa. Sie haben die Bücher von Marlies Schmitz aus Eitorf gelesen. Marlies Schmitz schildert darin die Entwicklung ihrer schwer behinderten Tochter Kati, die durch die richtige Therapie hören und sprechen lernte.

Als Kati auf die Welt kam, waren ihre Eltern in den ersten Wochen überglücklich. Denn ihre Tochter entwickelte sich zunächst ganz normal. Ihre Mutter hatte sich aber während der Schwangerschaft mit Röteln infiziert. Dadurch war Katis Gehirn verletzt worden. Das Kind war schwer behindert und konnte nicht hören und sprechen.

Marlies Schmitz erhielt von einem amerikanischen Heilpädagogen ein spezielles Trainingsprogramm für Kati. Kati zeigte immer dann besonderes Interesse, wenn es um Dinge aus ihrem ganz persönlichen Lebensbereich ging. Also entwickelte Marlies Schmitz eigenes Lernmaterial für ihre behinderte Tochter und hatte auch Erfolg damit. Nach drei Jahren konnte das Mädchen eine Schule für Sprachbehinderte besuchen und machte Riesenfortschritte.

Ihrer Tochter traut Marlies Schmitz jetzt sogar zu einen Beruf zu erlernen.

(nach einem Bericht von Harald Röhrig, in: Kölner Stadt-Anzeiger, 17. Januar 1997)

Aufgaben:

1. Welche Behinderung hatte Kati?

____

2. Was war die Ursache ihrer Behinderung?

____

____

3. Weshalb werden Rötelnschutzimpfungen für Mädchen in den Schulen durchgeführt?

____

____

4. Wie lernte Kati sprechen?

____

____

Der Nil – die Lebensader Ägyptens

Wassertiefe des Nil bei Assuan				
	Januar: ....2,00 m	April: ......1,00 m	Juli: ....4,00 m	Oktober: ..6,00 m
	Februar: ...1,70 m	Mai: ......0,60 m	August: ...6,00 m	November: 3,70 m
	März: .....1,30 m	Juni: ......1,20 m	September: 8,00 m	Dezember: 3,00 m

1 Stelle die Wasserstände des Nil in einem Säulendiagramm dar.

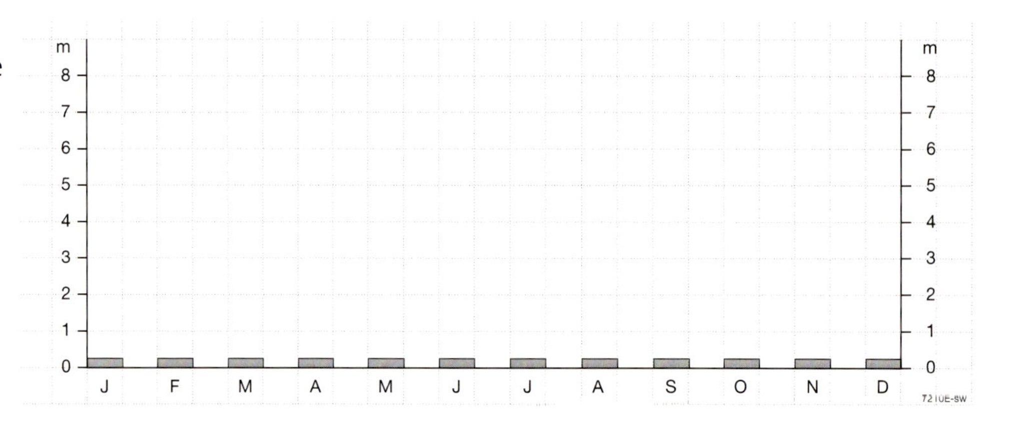

2 Auf den Zeichnungen siehst du einen Querschnitt durch das Niltal. Zeichne den Wasserstand des Nil ein.

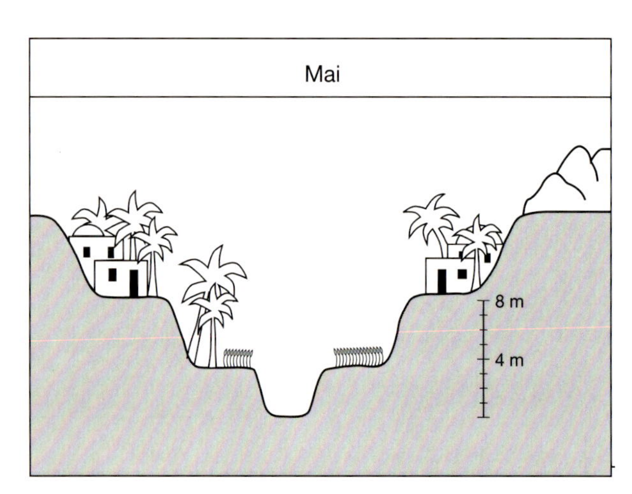

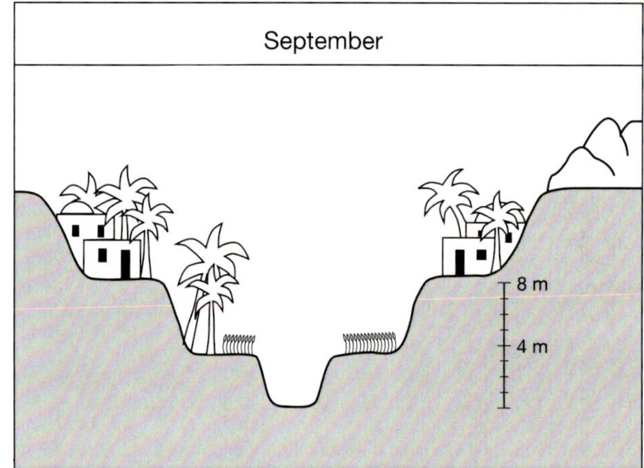

Die Ägypter sagen:

3 Monate ist Ägypten eine weiße Perle ______________________

3 Monate eine schwarze Haut ______________________

3 Monate ein grüner Smaragd ______________________

3 Monate rotes Gold ______________________

3 Ordne die folgenden Begriffe den entsprechenden Aussprüchen zu:

Abklingen der Flut – Heranwachsen des Getreides – Erntezeit – Überschwemmung.

Schulbuch Seite 129

Die ägyptische Gesellschaft

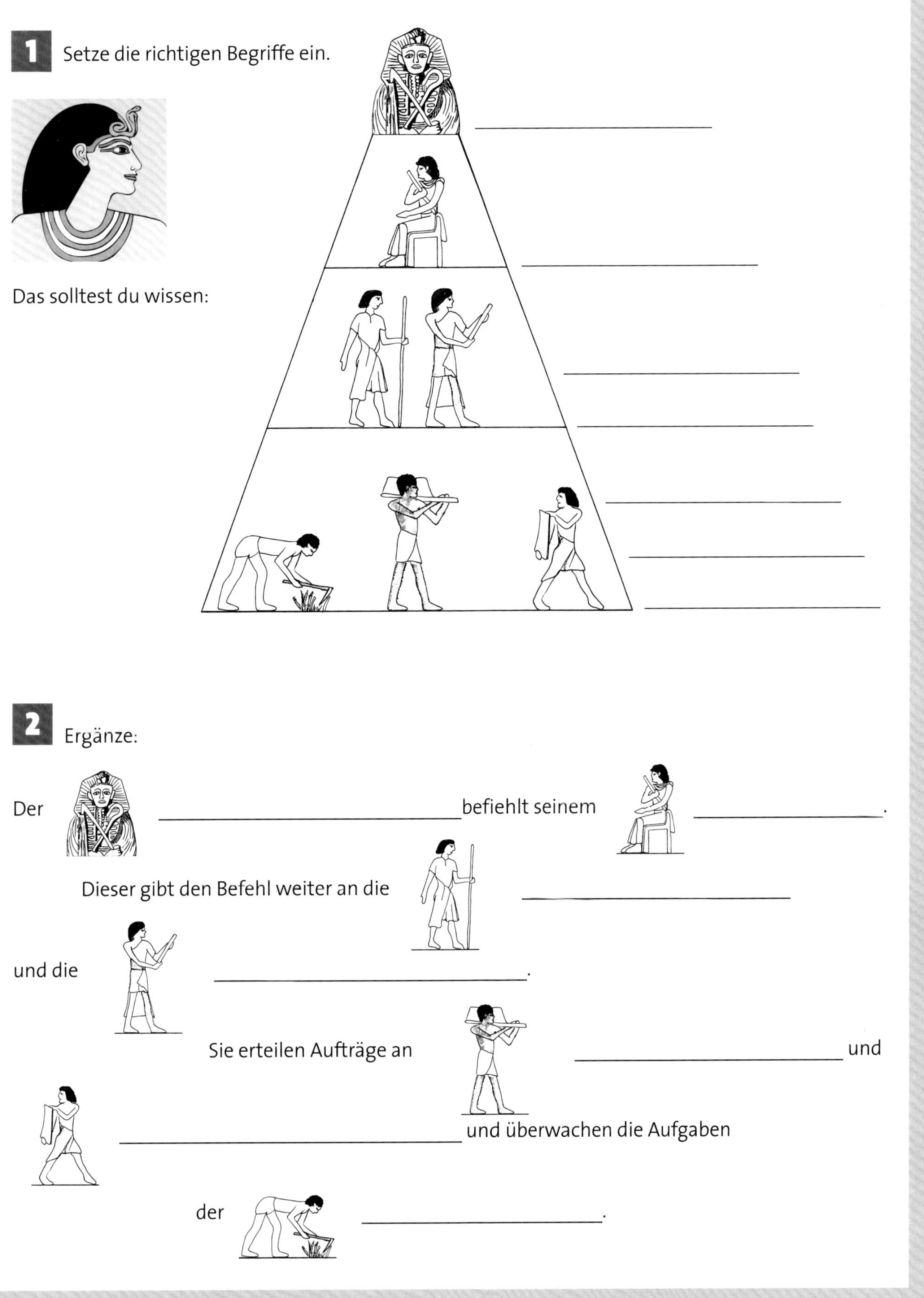

1 Setze die richtigen Begriffe ein.

Das solltest du wissen:

____

____

____

____

____

____

____

2 Ergänze:

Der _______________ befiehlt seinem _______________.

Dieser gibt den Befehl weiter an die _______________

und die _______________.

Sie erteilen Aufträge an _______________ und

_______________ und überwachen die Aufgaben

der _______________.

Der Pharao

1 Dem Pharao fehlen einige seiner Herrschaftszeichen. Füge sie in die Zeichnung ein und beschrifte sie.

2 Male deinen Pharao farbig aus. Dafür brauchst du die Farben: Blau, Rot, Türkis, Schwarz und Gelb für Gold.

Schulbuch Seite 132

Bau einer Pyramide

1 Beschrifte die Personen und Gegenstände mithilfe der folgenden Wörter:
Pyramide/ Schreiber/ Palmen/ Steinblock/ Rampe/ Arbeiter/ Holzschlitten/ Arbeiterhütten

3 Betrachte die beiden leeren Sprechblasen im Bild. Schreibe jeweils in kurzen Sätzen auf, was der Schreiber und der Arbeiter denken könnte.

Schreiber: ______________________________

____

Arbeiter: ______________________________

____

2 Welche Tätigkeiten kannst du auf dem Bild erkennen? Kreuze an:

- ☐ Ein Kran hebt die Steine auf die Rampe.
- ☐ Schreiber beaufsichtigen den Bau.
- ☐ Die Arbeiter erfrischen sich am Pool.
- ☐ Die Steine werden von weit her gezogen.
- ☐ Auf Holzschlitten werden die Steinblöcke vorangezogen.
- ☐ Viele Arbeiter ziehen einen Schlitten.
- ☐ Die Schlitten rollen auf kleinen Rädern.
- ☐ Die Steinblöcke werden zu einem Kreis gestapelt.

Ägypten

1. Schon vor 5000 Jahren war das Niltal besiedelt.
Wie hießen die Herrscher in diesem Gebiet? Welche Zeugen aus dieser Zeit kann man in Ägypten noch heute besichtigen?

2. Warum wird der Nil als Fremdlingsfluss bezeichnet?

3. Beschreibe die unterschiedlichen Wasserstände des Nils im Verlaufe des Jahres.

4. Beschreibe den Aufbau der ägyptischen Gesellschaft.

5. Wie heißen die ägyptischen Bildzeichen? Worauf wurden sie geschrieben?

6. Welche Probleme entstehen, wenn in einem Wüstenstaat wie Ägypten die Bevölkerung sehr schnell wächst?

7. Nenne zwei positive und zwei negative Folgen des Dammbaus zu Assuan.

Schulbuch Seiten 128 – 145